Compartir el tiempo

HOUGHTON MIFFLIN   BOSTON

Copyright © 2011 by Houghton Mifflin Harcourt Publishing Company

All rights reserved. No part of this work may be reproduced or transmitted in any form or by any means, electronic or mechanical, including photocopying or recording, or by any information storage and retrieval system, without the prior written permission of the copyright owner unless such copying is expressly permitted by federal copyright law. Requests for permission to make copies of any part of the work should be addressed to Houghton Mifflin Harcourt Publishing Company, Attn: Contracts, Copyrights, and Licensing, 9400 South Park Center Loop, Orlando, Florida 32819.

Printed in the U.S.A.

ISBN 10: 0-54-734519-4
ISBN 13: 978-0-54-734519-2

2 3 4 5 6 7 8 9 10 0868 19 18 17 16 15 14 13 12 11 10
4500267994

If you have received these materials as examination copies free of charge, Houghton Mifflin Harcourt Publishing Company retains title to the materials and they may not be resold. Resale of examination copies is strictly prohibited.

Possession of this publication in print format does not entitle users to convert this publication, or any portion of it, into electronic format.

Contenido

Ágata y Rigo

por Yinet Martín
ilustrado por Marsha Winborn

Ágata estaba animada con su
nuevo amigo.
Rigo estaba animado con su amiga.

¿Qué le pasa a Ágata?
Está en cama. Tose y tose.
Está agotada. Está mocosa.

¿Qué le pasa a Rigo?
Está en cama. Tose y tose.
Está agotado. Está mocoso.

Ágata está animada de nuevo.
Rigo está a su lado.
—Pégale a la pelota —dijo
Ágata.

Rigo toma el bate.

—Dale, Rigo, dale —lo anima
Ágata. Rigo le da a la pelota.

—Corre, Rigo, corre —lo
anima Ágata.

Ágata se va a casa de la mano
de su mamá.
Rigo se va a casa de la mano de
su mamá.

Así es Pato

por Yinet Martín

Era un bonito día.

Pato iba con otros patos.

¡Arriba, Pato, arriba!

Pato viene con otros patos
y se mete en el lodo.
¡Qué divino es el lodo!

Pato va al lago.

Camina a su modo.

Tiene un nuevo amigo.

Pato se mete en la laguna.
Se mete de un modo loco.

Pato nada.

Nada con otros patos.

Pato reposa en la loma.

Nadie está con él.

¡Anida solo!

¡Sácame del lodo!

por Yinet Martín

ilustrado por Bob Barner

¿Qué le pasaba a Pato? Llovía
y todo se volvió lodo. —¡Socorro!
—gritaba Pato—. Estoy atascado.

Pato estaba mojado y no le
gustaba andar por el lodo.
Las gotas de lluvia dejaron
de caer.

Vio a Gala volando en un globo.

—¡Socorro, Gala, socorro!

¡Sácame del lodo! —le rogaba Pato.

—Mi carrito nuevo está atascado
en el lodo. Casi no se ve. ¡Sácame,
amiga! —le dijo Pato.

—¡Ya viene tu ayuda, Pato!
Gala era una amiga valiente.

Gala vino con Tego en un camión.
Trajeron una soga y sacaron a
Pato del lodo.

¡Qué maravilla! Pato está a salvo.

Dina y su maleta

por Yinet Martín

ilustrado por Diane Paterson

Era un bonito día. Ana estaba
sola.

—Ven a casa, Dina —dijo Ana.

—Sí, sí —se animó Dina—.
Dame un minuto.

Dina sacó su maleta.
Era un regalo de Mamá.

Dina mete mucha ropa.

Dina mete sus gorros.

Mete un pato de goma.

Agarra todo lo que tiene.

¡Y lo mete en su maleta!

Dina corre al lado.

Ve a Ana.

Dina la saluda.

¡Qué animal fabuloso!

por Olga Duque Díaz

Paso a pasito, va este animalito.

¿Cómo es este animal?

¿Qué hace aquí?

Todo lo ve. Nadie lo toca.
Se fatiga y reposa en una roca.

A cada rato, se da un baño.
¡Y nada le hace daño!

Camina por la roca o por lodo.
Agarra mucho. ¡Lo agarra todo!

¡Qué bonita se ve la roca así!
Muchos, muchos vienen aquí.

¡Deja un dibujo jocoso!
¡Qué animal fabuloso!

¿Qué hace Papá?

por Olga Duque Díaz

ilustrado por John Ceballos

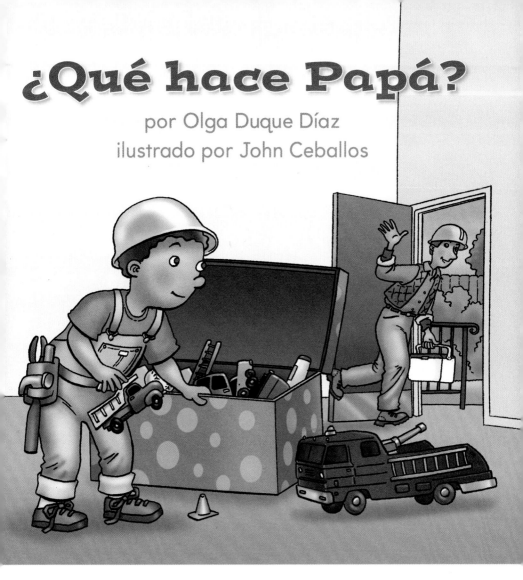

Papá hace una seña y se va.

Nacho está aquí, en casa.

¿Qué hace Nacho?

¿Qué hace Papá?
Papá sube la peña.

¿Qué hace Nacho ahora? Nacho
tira la cama del carrito.

Papá saca cada roca de la peña.
¿Cómo lo hace?

Nacho saca cada roca.

No lo hace nada mal.

Papá está por fin en casa.
Nacho pone cada ficha
para Papá. ¡Qué animado
está Nacho ahora!

Chico y Ñico

por Aiztinay Ticino
ilustrado por Sarah Snow

Aquí estoy. Soy Chico.
Soy un sapito rojo. Juego en
el pantano con mis amigos.

Aquí estoy. Soy Ñico.
Soy un animal chiquito.
¡Soy un gran amigo!

—No comí nada —dijo
Ñico.
—¡Eso está mal! —dijo
Chico.

¿Qué hace Chico ahora?
¿Qué hace Ñico ahora?

Ñico no ve nada de comida.
Chico no ve nada de
comida.

—¡Qué rico! —dijo Chico.
—¡Genial! —dijo Ñico.

Un regalo para Papá

por Olga Duque Díaz
ilustrado por Julia Gorton

Chacho ve la fecha.

—Estoy animado —dijo Chacho.

Doña Peña le da una gorra.
—Es mi regalo para Papá
—dijo Chacho.

Aquí está Cachita.

Cachita tiene una ranita.

¿Qué hace la niña con su rana?

Papá saca la gorra. Papá saca
la rana.

—¡Qué muchachita! —dijo Chacho.

Papá ama su regalo.
Él pone la rana en la gorra.
A Cachita le da mucha risa.

En la colina

por Aiztinay Ticino

ilustrado por Sonja Lamut

A Sara, a Tello y a mí nos agota
la loma nevada.

Yo subo la colina.

¿Está alguien a mi lado?

Sara sube la colina.
Ella está a mi lado.

Tello sube la colina.

Él se para.

—¡Apúrate, Tello!

—lo llama Sara.

¿Han llegado? ¡Sí!

¿Qué va a hacer cada uno ahora?

Tello da la seña.

¡La subida es pesada!
¡Pero qué rica es la bajada!
¡Yupi!

Arriba, arriba

por Aiztinay Ticino

Ella sube, sube, sube.

No está dentro de una casa.

Está arriba, arriba, arriba.
Se ve aquí y allá.

Cada día del año,
yo la saludo.

Aquí estamos. Cada uno la sujeta
por un lado. ¡Qué bella es!

¿Qué lleva cada niño?
Nos anima.
Nos llena de cariño.

Mi amiga Charo está animada.

¡Ella es americana!

¿Qué va a hacer?

por Aiztinay Ticino
ilustrado por Molly Delaney

Cada animal es maravilloso
a su manera. Nos gustan mucho.
Alguien les tomó una bella foto.

Chico tiene un conejillo
llamado Pillo.

¿Qué va a hacer Pillo?

Sara tiene un gato llamado
Ovillo.

¿Qué va a hacer Ovillo?

Lalo tiene un perro llamado
Caramelo.

¿Qué va a hacer Caramelo?

Nora tiene un loro llamado
Taro.
¿Qué va a hacer Taro?

Ñico le tira un beso a su
animal favorito, Amarillo.
Está dentro de una pecera.
¿Qué va a hacer Amarillo?

Gallina y Pata

por Aiztinay Ticino

ilustrado por Linda Bronson

Alguien corre. Es Gallina.

¿Por qué está apurada?

Gallina tiene mucho que hacer.
—Es un día cálido —le dijo
Gallina a Pata.

Gallina corre por la loma.

Pata hace una maroma.

Pata ama la orilla.

Gallina se aleja una milla.

—¡Báñate en el lago! —le dijo Pata.
Pero Gallina solo se moja una pata.

Gallina y Pata la han pasado
de maravilla.
Pero ahora toca un rato de
reposo.

¡Qué rica comida!

por Aiztinay Ticino

ilustrado por Diane Blasius

Yuli es vecina de Yoli.

¿Qué dibuja Yuli?

—Me parece que alguien
dejó comida abajo —dijo Yuli.
Ella baja desde arriba y Yoli
espera arriba del árbol.

—Me parece que alguien
dejó comida abajo —dijo Yoli.
Ella baja desde arriba.

Yuli toma una caja roja.
Está cerrada y es pesada.

¿Qué va a hacer Yoli?
Ella elige una ramita.
¿Para qué usa la ramita?

¡Qué divertido!
¡Qué rica comida!

Fabulosa Regina

por Yanitzia Canetti

ilustrado por Mircea Catusanu

Regina se sabe un pasito.

Ella es fina como un palito.

Regina se paró en una pata.

—¡Fabuloso! —le dice Renata.

Regina hizo una maroma
maravillosa.

—¡Qué bonito! —le dice Rosa.

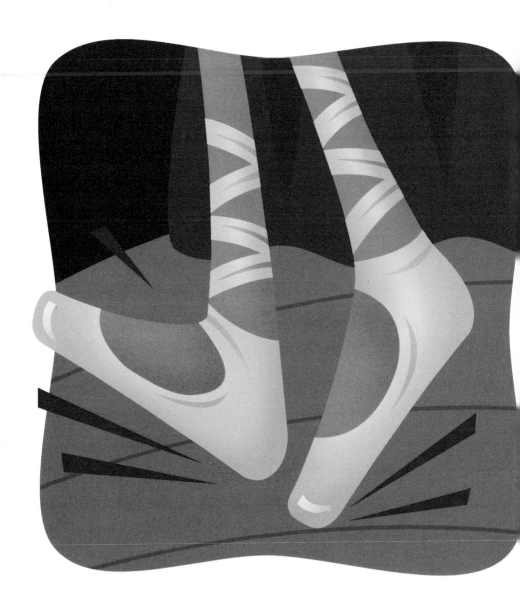

¿Qué hizo ahora Regina?

—¡Qué divertido! —le dice Tina.

Regina gira, gira y gira.
—¡Qué bello! —le dice Cira.

La llamaban y aplaudían sin
parar y Regina no dejaba
de saludar.

¡Qué divertido!

por Aiztinay Ticino

Cirilo y yo estamos aquí.
¿Quién nos recoge en la
parada?

Rogelio ayuda a Yayo a leer un libro.

¡A Yayo le parece divertido!

Yamila ya sabe mucho.
Ella hizo una A, una B
y una C.

Maya ya sabe mucho.
Ella hizo una torrecita.

¡Dale, Gema!   ¡Dale, Regina!

¡Se le cayó el aro a Celina!

¡Gira, gira, gira!
Ceci toma una foto
desde arriba.
¡Qué divertido!

Geli y Celi

por Aiztinay Ticino
ilustrado por Rusty Fletcher

Un conejito dibujaba con su gemelo.
Se llamaban Geli y Celi.

Geli hizo un dibujo divertido.
¿Te parece bonito?

Celi acaba de leer un libro y
ahora hace un carrito ligero.

Mamá llama desde la cocina.
—¡Geli! ¡Celi!
Ya llega Celi.

Celi come mucho y Geli
no come nada.
¿Qué elige Geli ahora?

Geli elige un dibujo.
Es su favorito.
¿Qué te parece?

Guille y Quito

por Aiztinay Ticino
ilustrado por Deborah Borgo

Guille corre. Quito, su pequeño
amiguito, lo sigue.

—Te veré después —dijo Quito.

Quito va a hacer una nota.

Guille va a hacer una nota.

—Es la nota para Guille.
Ojalá que le llegue rápido
—le dijo Quito a Papá.

—Es la nota para Quito. ¿Le
llegará rápido? —le preguntó
Guille a Papá.

La nota de Quito voló y giró.

—¡Síguela! —le dijo su papá ¡Qué
no caiga en el agüita! La nota de
Guille voló y giró.

—¡Agárrala! —le dijo su papá.

Guille y Quito se dieron una
mirada. Por último, Guille le
leyó la nota a Quito. Y Quito
le leyó su nota a Guille.

Mi gata desaparecida

por Aiztinay Ticino
ilustrado por
Kristen Goeters

—¿Qué pasa? —preguntó Queli.

—¡Mi querida gata Lugüerna no está aquí! —dijo Memo.

Memo llamó a su amiguito Guille
y lo invitó a su casa.

—¡Te ayudaré! —dijo Guille.

Guille miraba de lado a lado.

Queli miraba debajo del sofá.

Memo quitaba el reguero.

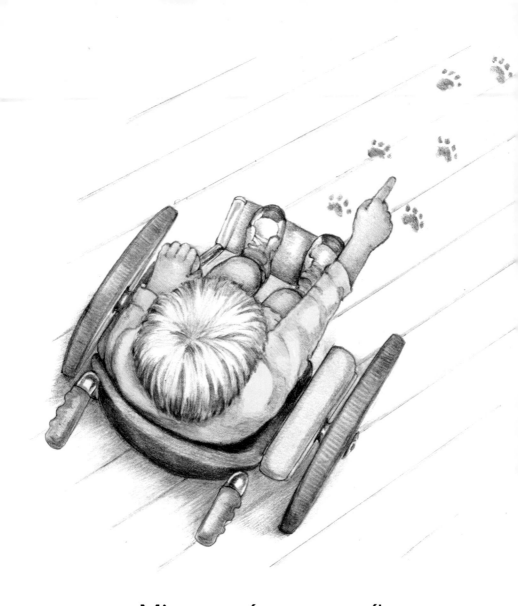

—¡Mira, está por aquí!
—dijo Guille—. Seguiré cada
pisada.

Por último, Guille dijo:

—¡Mírala! Está allá a lo lejos.

La gata desaparecida reposa
con cada pequeño gatito que
tuvo. ¡Lugüerna ya es mamá!

Un guiso para Quico

por Aiztinay Ticino

ilustrado por Dorothy Donahue

Quico recibió la nota.

—Aquí está la lista de comida que necesito —decía Mamá.

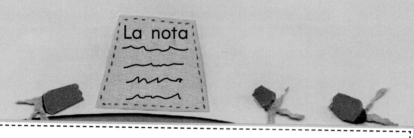

Quico quiere mucho a Mamá.
Corre al mercado pensando
en el guiso que prepara
Mamá. De repente, se da
cuenta de que se le quedó
la nota en el camino.

—¡Ay! ¡Qué vergüenza! —dice
el pequeño Quico—. ¿Qué se
necesita para hacer un guiso?
—se preguntó.

Quico consigue todo lo que
necesita para hacer un guiso.
¡Después elige un poco de queso
para comer por el camino!

Quico sigue el camino a casa.

—¡Mamá, ya llegué!

—Traje todo lo que se necesita para hacer un guiso —dijo Quico.

—¡Cuánto te amo! —le dijo Mamá.

Poco a poquito

por Diego Mansilla

Guille invitó a su amiguita Queta
a la colina a ver el agüita clara.
Queta sube poco a poquito.

Es la pequeña Ana. Su jugada es fabulosa.

Ella llega a la meta poco a poquito.

Gema se eleva poco a poquito.

Después se eleva rápido y seguido.

¡Dale, Gema, dale!

Guido le da a la pelota poco a poquito.

Después le da mucho y seguido.

¡Gana, Guido, gana!

Cirilo corre poco a poquito.

Después, Cirilo corre mucho.

¡Corre, Cirilo, corre!

Tito no es el último.

Lo sigue una fila.

¡Sigue, Tito, sigue!

Listas de palabras

Para usar con
Gabo y el lobo

Ágata y Rigo

página 3

Palabras decodificables

Destreza clave: Sílabas abiertas con **g** (sonido suave: **ga, go, gu**), **d** y **v**: Ágata, agotada, agotado, amiga, amigo, animada, animado, da, dale, de, lado, nuevo, pégale, Rigo, va

Destrezas enseñadas anteriormente:
a, anima, animada, animado, amiga, bate, cama, casa, corre, lado, lo, mamá, mano, mocosa, mocoso, pasa, pelota, se, su, toma, tose

Palabras de uso frecuente

Nuevas: estaba, dijo

Enseñadas anteriormente:
con, el, en, está, la, qué, y

Así es Pato

página 9

Palabras decodificables

Destreza clave: Sílabas abiertas con **g** (sonido suave: **ga, go, gu**), **d** y **v**: amigo, anida, de, día, divino, lago, laguna, lodo, modo, nada, nadie, nuevo, va, viene

Destrezas enseñadas anteriormente:
a, arriba, así, bonito, camina, iba, loco, loma, mete, Pato, patos, reposa, se, solo, su, tiene

Palabras de uso frecuente

Nuevas: nadie, viene

Enseñadas anteriormente:
al, con, el, en, es, está, la, qué, un

¡Sácame del lodo!

página 15

Palabras decodificables
Destreza clave: Sílabas abiertas con **g** (sonido suave: **ga, go, gu**), **d** y **v**: amiga, atascado, ayuda, de, dejaron, del, dijo, Gala, gotas, gustaba, lodo, llovía, lluvia, maravilla, mojado, nuevo, rogaba, salvo, soga, Tego, todo, valiente, ve, viene, vino, vio, volando, volvió

Destrezas enseñadas anteriormente: caer, camión, carrito, casi, está, estoy, estaba, gritaba, le, mi, mojado, no, pasaba, Pato, sácame, sacaron, se, socorro, Tego, tu, una

Palabras de uso frecuente
Nuevas: dijo, estaba, viene

Enseñadas anteriormente: con, de, el, en, está, mi, qué, un, una, y, ya

---

Dina y su maleta

página 21

Palabras decodificables
Destreza clave: Sílabas abiertas con **g** (sonido suave: **ga, go, gu**), **d** y **v**: agarra, dame, de, día, dijo, Dina, goma, gorros, lado, regalo, saluda, todo, ve

Destrezas enseñadas anteriormente: a, Ana, animó, bonito, casa, corre, lo, maleta, Mamá, mete, minuto, pato, ropa, sacó, se, sí, sola, su, tiene

Palabras de uso frecuente
Nuevas: dijo, estaba

Enseñadas anteriormente: al, en, la, mucha, un, y

Para usar con
*Cómo se comunican
los animales*

SEMANA 2

¡Qué animal fabuloso!

página 27

Palabras decodificables
Destreza clave: Sílabas abiertas con **ch,**
ñ y **j:** baño, daño, deja, dibujo, jocoso,
mucho, muchos

Destrezas enseñadas anteriormente:
a, agarra, animalito, así, bonita, camina,
da, fabuloso, fatiga, lo, lodo, nada, o,
pasito, paso, rato, reposa, roca, se, toca,
todo, va, ve

Palabras de uso frecuente
Nuevas: animal, aquí, cómo,
hace

Enseñadas anteriormente:
en, es, la, mucho, por, qué,
un, una, vienen, y

¿Qué hace Papá?

página 33

Palabras decodificables
Destreza clave: Sílabas abiertas con **ch, ñ**
y **j:** ficha, Nacho, peña, seña

Destrezas enseñadas anteriormente:
animado, cama, carrito, casa, cómo, de,
lo, no, Papá, pone, roca, saca, sube, va

Palabras de uso frecuente
Nuevas: aquí, hace, mal

Enseñadas anteriormente:
en, está, la, para, por, qué, y

Chico y Ñico

página 39

Palabras decodificables
Destreza clave: Sílabas abiertas con
ch, ñ y **j**: Chico, chiquito, dijo, juego,
Ñico, rojo

Destrezas enseñadas anteriormente:
ahora, amigo(s), animal, comí, comida,
de, eso, está, hace, juego, nada, no,
pantano, rico, sapito, ve

Palabras de uso frecuente
Nuevas: aquí, estoy, animal,
mal, hace

Enseñadas anteriormente:
amigo, con, de, dijo, el, en,
está, qué, soy, un, y

Un regalo para Papá

página 45

Palabras decodificables
Destreza clave: Sílabas abiertas con **ch,
ñ** y **j**: Cachita, Chacho, dijo, Doña,
fecha, mucha, muchachita, niña, Peña

Destrezas enseñadas anteriormente:
a, ama, animado, da, gorra, mi, Papá,
para, pone, rana, ranita, regalo, risa,
saca, su, tiene, ve

Palabras de uso frecuente
Nuevas: aquí, estoy, hace

Enseñadas anteriormente:
con, en, es, está, la, para,
qué, un, una

En la colina

página 51

Palabras decodificables

Destreza clave: Sílabas abiertas con **ll** y **r** media: ahora, apúrate, ella, llama, llegado, para, pero, Sara, Tello

Destrezas enseñadas anteriormente: a, agota, apúrate, bajada, cada, colina, da, lado, lo, loma, mi, mí, nevada, para, pesada, rica, Sara, se, seña, sí, sube, subida, subo, uno, va

Palabras de uso frecuente

Nuevas: alguien, han, nos

Enseñadas anteriormente: el, en, es, está, la, qué, y, yo

Arriba, arriba

página 57

Palabras decodificables

Destreza clave: Sílabas abiertas con **ll** y **r** media: allá, americana, bella, cariño, Charo, ella, llena, lleva

Destrezas enseñadas anteriormente: amiga, anima, animada, año, arriba, casa, lado, mi, niño, no, saludo, se, sube, sujeta, una, uno, ve

Palabras de uso frecuente

Nuevas: dentro, estamos, nos

Enseñadas anteriormente: aquí, de, es, está, la, por, qué, un, una, y, yo

¿Qué va a hacer?

página 63

Palabras decodificables
Destreza clave: Sílabas abiertas con **ll**
y **r** media: Amarillo, bella, Caramelo,
conejillo, dentro, favorito, loro,
llamado, manera, maravilloso, Nora,
Ovillo, pecera, Pillo, Sara, Taro, tira

Destrezas enseñadas anteriormente:
animal, beso, cada, Chico, de, está,
foto, gato, Lalo, le, mucho, Ñico,
perro, su, tiene, tomó, una, va

Palabras de uso frecuente
Nuevas: nos, alguien, dentro

Enseñadas anteriormente:
animal, de, es, está, mucho,
qué, un, una, va

Gallina y Pata

página 69

Palabras decodificables
Destreza clave: Sílabas abiertas con **ll** y
r media: ahora, apurada, Gallina,
maravilla, maroma, milla, orilla, pero

Destrezas enseñadas anteriormente:
a, aleja, ama, apurada, báñate, cálido,
corre, dijo, lago, le, loma, moja,
mucho, pasado, Pata, rato, reposo, se,
solo, tiene, toca

Palabras de uso frecuente
Nuevas: alguien, han

Enseñadas anteriormente:
de, el, en, es, está, hace, la,
por, qué, un, una, y

128

¡Qué rica comida!

página 75

Palabras decodificables

Destreza clave: Sílabas abiertas con **c** (sonido suave: **ce, ci**), **g** (sonido fuerte: **ge, gi**) e **y:** cerrada, elige, parece, vecina, Yoli, Yuli

Destrezas enseñadas anteriormente: a, abajo, arriba, baja, caja, comida, dejó, dibuja, dijo, ella, me, pesada, ramita, rica, roja, toma, usa, va, vecina

Palabras de uso frecuente

Nuevas: desde, divertido

Enseñadas anteriormente: alguien, de, es, está, la, para, qué, una

Fabulosa Regina

página 81

Palabras decodificables

Destreza clave: Sílabas abiertas con **c** (sonido suave: **ce, ci**), **g** (sonido fuerte: ge, gi) e **y:** Cira, dice, gira, Regina

Destrezas enseñadas anteriormente: ahora, bello, bonito, como, dejaba, ella, fabuloso, fina, le, llamaban, maravillosa, maroma, palito, paró, pasito, pata, Renata, Rosa, sabe, se, Tina

Palabras de uso frecuente

Nuevas: divertido, hizo

Enseñadas anteriormente: a, en, es, la, qué, un, una, y

¡Qué divertido!

página 87

Palabras decodificables

Destreza clave: Sílabas abiertas con **c** (sonido suave: **ce, ci**), **g** (sonido fuerte: **ge, gi**) e **y:** ayuda, cayó, Ceci, Celina, Cirilo, Gema, gira, Maya, parece, recoge, Regina, Rogelio, torrecita, ya, Yamila, Yayo, yo

Destrezas enseñadas anteriormente: aro, arriba, dale, desde, divertido, ella, estamos, foto, la, le, leer, libro, mucho, parada, sabe, se, toma, una

Palabras de uso frecuente

Nuevas: desde, divertido, hizo, leer, libro

Enseñadas anteriormente: aquí, el, en, estamos, mucho, nos, qué, un, una, y, ya

Geli y Celi

página 93

Palabras decodificables

Destreza clave: Sílabas abiertas con **c** (sonido suave: **ce, ci**), **g** (sonido fuerte: **ge, gi**) e **y:** Celi, cocina, elige, Geli, gemelo, ligero, llega, parece, ya

Destrezas enseñadas anteriormente: acaba, bonito, carrito, come, conejito, dibujaba, dibujo, favorito, llama, Mamá, mucho, nada, no, se, su, te

Palabras de uso frecuente

Nuevas: desde, divertido, hizo, leer, libro, llamaban

Enseñadas anteriormente: con, de, es, hace, la, qué, un, y

Guille y Quito

página 99

Palabras decodificables
Destreza clave: Sílabas abiertas con
**qu (que, qui), gu (gue, gui) y gü
(güe, güi):** amiguito, Guille, llegue,
pequeño, Quito, sigue, síguela, agüita

Destrezas enseñadas anteriormente:
a, agárrala, caiga, corre, dijo, giró, le,
leyó, lo, llegará, mirada, nota, ojalá,
Papá, rápido, se, su, te, va, veré, voló

**Palabras de uso
frecuente**
Nuevas: después, dieron,
preguntó, último

Enseñadas anteriormente:
de, es, la, para, por, que,
una, y

Mi gata desaparecida

página 105

Palabras decodificables
Destreza clave: Sílabas abiertas con **qu
(que, qui), gu (gue, gui) y gü (güe,
güi):** amiguito, aquí, Guille, pequeño,
que, Queli, querida, quitaba, reguero,
seguiré, Lugüerna

Destrezas enseñadas anteriormente:
a, allá, ayudaré, cada, casa, debajo,
desaparecida, dijo, gata, gatito, lado,
llamó, lo, mamá, Memo, mi, mira,
miraba, mírala, no, pasa, pisada, rato,
reposa, sofá, su, te, tuvo, ya

**Palabras de uso
frecuente**
Nuevas: después, invitó,
preguntó, último

Enseñadas anteriormente:
con, de, el, en, es, está, la,
por, qué, un, y

131

Un guiso para Quico
página 111

Palabras decodificables
Destreza clave: Sílabas abiertas con **qu (que, qui), gu (gue, gui) y gü (güe, güi):** aquí, consigue, guiso, llegué, pequeño, que, qué, quedó, queso, Quico, quiere, sigue

Destrezas enseñadas anteriormente:
amo, camino, casa, comer, comida, corre, cuánto, de, de repente, decía, dice, dijo, elige, está, la, le, lista, lo, Mamá, mercado, mucho, necesita, necesito, nota, para, pensando, poco, preguntó, prepara, recibió, se da cuenta, te, todo, traje, ya

Palabras de uso frecuente
Nuevas: cuánto, después, preguntó

Enseñadas anteriormente:
al, aquí, de, dice, dijo, el, en, está, mucho, para, qué, un, ya

Poco a poquito
página 117

Palabras decodificables
Destreza clave: Sílabas abiertas con **qu (que, qui), gu (gue, gui) y gü (güe, güi):** agüita, amiguita, Guido, Guille, pequeña, poquito, Queta, seguido, sigue

Destrezas enseñadas anteriormente:
a, Ana, clara, Cirilo, colina, corre, da, dale, eleva, ella, fabulosa, fila, gana, Gema, jugada, llega, lo, meta, mucho, no, pelota, poco, rápido, se, su, sube, Tito

Palabras de uso frecuente
Nuevas: después, invitó, último

Enseñadas anteriormentes:
el, es, la, una, y